PÉTITION

A LA

CONVENTION NATIONALE.

A LA

CONVENTION NATIONALE.

PÉTITION

DE quarante-huit CITOYENS, du District de Mont-Unité, ci-devant St.-Gaudens, Département de Haute-Garonne.

CONTENANT Réclamations sur l'exécution de la Loi, du 10 Frimaire, de l'an 2, relative aux Domaines inféodés.

CITOYENS REPRÉSENTANS,

Vous avez décrété, le 10 Frimaire, de l'an II, que les biens concédés par l'ancien Gouvernement, depuis le premier Février 1566, devoient être restitués à la Nation. Vous avez excepté de la révocation, les concessions des terres vaines et vagues, landes, marais, &c., &c. pourvu qu'elles aient été mises en valeur.

Nous sommes dans le cas de l'exception prononcée par les articles III et V de la

A 2

(4)

loi , puisque nous avons défriché une grande étendue de terrain qui est actuellement en valeur. Mais , pour que nous puissions être maintenus , il faut qu'il nous soit possible de nous conformer aux dispositions portées par la loi du 10 Frimaire.

Il existoit anciennement une étendue de terrain considérable, à une lieue de la commune de S^t.-Gaudens. Ce terrain ne servoit que pour le pâturage des bestiaux des communes voisines; il étoit couvert de genets et de fougères, et ne portoit aucun revenu à l'Etat.

Un Ingénieur imagina le premier de faire un essai pour savoir si ce terrain étoit propre à produire des grains. Il lui fut fait une concession d'une petite partie. Il fit travailler à ce défrichement ; vendit , pour fournir aux frais, ses biens patrimoniaux ; de manière que ces biens sont la seule propriété territoriale que ses héritiers possèdent ; il fit construire des bâtimens dont une partie fut depuis incendiée ; il fut obligé de faire de grandes avances : avant , il n'en put rien retirer.

Encouragés par cet exemple , les habitans des communes voisines , et principalement ceux de Stancarbon voulurent contribuer

(5)

à soulager la contrée, en lui procurant une plus grande quantité de subsistances , et en la délivrant des voleurs qui se tenoient dans ces landes , qui souvent spolioient, assasinoient encore les voyageurs qui suivoient la route de Toulouse, qui traversoit ces landes.

Pour leur procurer cette facilité , le citoyen Dominique Noé demanda la concession desdites landes. Il l'obtint, moyennant une redevance de 300 livres par année, le 8 Décembre 1772 , *vieux style* , cette concession est revêtue de toutes les formalités prescrites à cette époque.

Dès qu'il eut fait procéder à l'arpentage et bornage , il s'occupa d'en faire la distribution aux divers particuliers qui se présentèrent, et il en fut sous-inféodé une plus grande étendue , à ceux qui avoient ou plus de facultés ou plus de bras à employer. Il les obligea , en partie , à y construire des habitations qui avoient pour principal objet la sûreté des voyageurs. Les sous-inféodataires s'obligèrent de lui payer le dixième des fruits qui se recueilleroient sur le fonds inféodé.

Le défrichement commença bientôt après; et vous imaginez , Citoyens Représentans , que ce ne fut pas l'affaire d'une année. Il dura quelque tems, parce que d'un côté il étoit très-pénible, et que d'ailleurs la plus grande partie des cultivateurs manquoient de moyens. Cependant, à force de travaux, de soins et de fatigues, ils parvinrent à retirer quelques subsistances et à construire des petites maisons ; mais, ce fut après que certains eurent vendu leurs biens patrimoniaux, pour conserver ceux que leurs mains venoient de fertiliser. Plusieurs familles se sont établies, depuis cette époque, sur ces landes. Des légitimaires y ont leurs droits reconnus. Des constitutions dotales y sont également fixées.

Nous jouissions de ce terrain, que nous croyons être une propriété à nous, sur la foi de cette concession faite par le gouvernement, à titre onéreux. Nous nous félicitions d'avoir concouru à augmenter la masse des subsistances dans un pays qui en manquoit. Chaque jour nous arrosions de nos sueurs la terre qui fournissoit à l'entretien de nos enfans et des défenseurs de la Patrie, lorsque nous apprimes qu'une loi de la Convention prononçoit la nullité de la concession. Nous n'avons pas besoin, Citoyens Représentans, de vous peindre notre douleur

(7)

en apprenant que nous allions être dépouillés de nos biens. Nous cherchâmes à connoître cette loi, et nous nous assurâmes que nous étions dans le cas de l'exception prononcée par l'Article III et V. Il falloit, pour cela, remplir des formalités qui étoient prescrites, et notamment celle indiquée par l'Art. XXXI, qui obligeoit les détempteurs de ces biens, à faire leur déclaration, *au premier Ventose suivant, ou dans la Décade qui suivroit la Sommation qui leur en seroit faite par la Régie de l'enregistrement.*

Si cette loi avoit été connue assez tôt, et qu'on l'eût envoyée dans nos communes, nous aurions fait une déclaration ; mais il nous a été impossible de remplir cette formalité, puisque la loi n'a été reçue dans certaines communes, qu'après ce délai passé, et que d'autres ne l'ont pas encore reçue. Cependant, nous avons fait nos déclarations, et nous avons cru les avoir faites à tems, parce que l'Article XXXI nous accordoit une décade, à compter du jour de la sommation qui nous seroit faite ; mais la Régie a interprêté cet Article d'une autre manière. Elle a prétendu que le terme du premier Ventose étoit fatal, et que la décade n'étoit accordée que dans le cas où la sommation auroit été faite avant ce délai. C'est en donnant cette interprétation à cet Article, que les déclarations se trouvent tardives, mais nous avons dit que nous n'avions pu les faire plutôt, parce que la loi n'étoit pas connue.

Le préposé à la Régie s'est mis en possession au nom de la Nation, a fait procéder les experts qu'il a fait nommer d'office, sans faire précéder, cette nomination, d'une sommation expresse, et sans nous assigner pour y être présens, de manière que cette nomination est très-irrégulière.

Nous vous observons, Citoyens Représentans, que le Citoyen Dominique Noé, en faveur de qui la concession avoit été faite par le Gouvernement, et qui est le principal intéressé, étoit en état d'arrestation, et qu'il ne pouvoit ni connoître la loi ni faire aucune démarche pour son exécution.

En vertu de cette même loi, ces biens ont été affermés en masse. Nous nous sommes réunis pour ce bail qui a été adjugé à un prix excessif au moment où la récolte alloit être dans sa parfaite maturité. On a seulement réservé la colonne partiaire, sans aucun dédommagement ni restitution de semences. Nous avions cru, en nous rendant fermiers , conserver quelque partie de nos travaux, mais nous avons encore ajouté à la perte que nous avons faite , par le prix auquel s'est porté le bail , car la récolte ayant été très-médiocre, nous n'avons pas recueilli pour payer à-peu-près la moitié de ce prix. Bien plus, c'est que nous n'ayons pas été assujettis à réensemencer les terres ; et que si nous n'eussions voulu faire un nouveau sacrifice, elles auroient resté incultes. Ce défaut de culture auroit porté un coup funeste à la chose publique. Nous ne savons à qui en auroit été la faute, mais nous croyons que c'est là un des moyens que nos ennemis auroient pu mettre en usage pour nous faire manquer de subsistances ; mais ce moyen n'auroit servi de rien, puisque sans y être obligés nous avons fourni nos bras, nos grains et nos engrais, sans espoir peut-être d'en être indemnisés, tant la Régie a mis peu d'attention pour que ces biens ne demeurent pas incultes , et pour faire prononcer sur les exceptions que vous avez décrété.

Dans ces circonstances, nous adressames une Pétition à vos comités de domaines , d'aliénation et de finances réunis. Nous ne fumes pas les seuls , car de tous les points de la République, il vous a été adressé des réclamations. Vos comités ont senti que cette loi entraînoit des difficultés dans son exécution ; ils vous l'ont dit dans un rapport qui vous fut fait en leur nom, par le Citoyen Ch. Delacroix ; vous en ordonnates l'impression, et depuis cette époque , Citoyens Représentans , vous n'avez rien statué sur ces diverses réclamations.

Nous venons aujourd'hui , Citoyens Représentans , demander que vous veuilliez y prononcer. Si vous décrétez que nous devons être dépouillés de ces biens , la plupart d'entre nous n'ont d'autre alternative qu'une affreuse indigence, et seront réduits à recourir à la bienfaisance de leurs concitoyens ; les autres , à une fortune au-dessous de la médiocrité, à raison des nombreuses familles qu'ils sont obligés d'entretenir, et qui seront un jour l'espoir de la Patrie.

Vous savez , Citoyens Représentans, que les biens dont nous jouissons , seroient peut-être encore en friche , si nous n'avions sacrifié d'autres biens pour les rendre fertiles et les mettre, par ce moyen , dans le commerce, ce qui a produit des sommes considérables à l'Etat. Vous savez que ce n'est qu'à gros frais que nous sommes parvenus à en retirer quelques productions , en y fournissant encore aujourd'hui beaucoup d'engrais sans lesquels ils ne produiroient rien. Nous avons fait ce qui a dépendu de nous , pour nous conformer à la loi , dès que nous l'avons connue. Nous n'avons rien à nous reprocher de ce côté là, puisque même le procès-verbal et la relation des experts ne nous ont point été remis, malgré qu'il ait été fait des actes au préposé à la régie , qui répondit que les experts s'en occupoient, et que dès qu'ils auroient fini , ils les remettroient.

Il est bien certain que nous n'avons pu remplir ces formalités, et que ce n'est pas notre faute ; nous ne devons pas , par conséquent, être reprochables.

Nous savons, Citoyens Représentans, que vous nous rendrez justice , et que vous ne voudrez pas nous faire perdre le fruit de nos travaux, le seul bien qui reste à plusieurs d'entre nous. Nous espérons que vous ne voudrez pas faire passer, en d'autres mains, les biens dont nous serions dépouillés , car ce seroit celui qui auroit plus de facultés, qui pourroit l'acquérir au préjudice de ceux qui l'auroient fertilisé pendant vingt-deux ans.

Plusieurs pièces de terre ont été vendues, d'autres baillés en échange; seroit-il juste que les possesseurs actuels fussent privés des sommes qu'ils ont comptées, ou des biens qu'ils ont baillés en échange sur la foi d'une concession anthentique, revêtue des formalités prescrites par les anciennes loix; et dont, d'ailleurs, des habitans de campagne ne pouvoient connoître le vice s'il y en avoit eu.

Nous demandons, Citoyens Représentans, que vous veuilliez, en prononçant définitivement sur les diverses réclamations qui vous ont été faites, excepter de la révocation toutes les concessions des terres vaines et vagues, landes, &c., qui seront en valeur ou qui auront été défrichées, quelque soit leur étendue et leur distance des grandes forêts, puisque c'est le moyen de les conserver, dès qu'il existe une séparation telle qu'elle est prescrite par l'Article IV du Titre 27 de l'Ordonnance de 1669; et que d'un autre côté, celui qui a une plus forte contenance, emploie journellement des ouvriers qui, le plus souvent, seront oisifs dans un tems où il ne se fait dans le pays aucune espèce de commerce.

2°. Que le délai pour faire les déclarations

(13)

soit renouvelé , et que le préposé à la Régie
ne puisse se mettre en possession des terrains
défrichés , sauf aux possesseurs à restituer
les fruits dans le cas où l'exception n'auroit
pas lieu.

3°. Que les experts qui seront nommés
par toutes parties , soient tenus d'estimer
les bâtimens, usines et autres augmentations
au profit des possesseurs.

4°. Que la garantie ait lieu contre les
vendeurs et échangeurs de ces biens, dans
le cas où les détempteurs seroient dépossédés.

5°. Qu'il soit sursis au paiement du prix
du fermage , jusqu'à ce qu'il ait été pro-
noncé par la Convention ; ou par telle
autre autorité déléguées sur les exceptions
portées par la loi.

6°. Enfin, que les travaux, semences et
engrais, soient payés à ceux qui ont semé
sans y être obligés ; dans le cas où la
Convention ne jugeroit pas dans sa sagesse
la nécessité de rapporter la loi du 10 Frimaire.

Quel que soit le parti que vous preniez ,
Citoyens Représentans , nous respecterons
vos décrets , et serons les premiers à en
provoquer l'exécution.

Continuez, Citoyens Représentans , à terrasser tous ceux qui oseroient tenter d'aspirer à gouverner un grand peuple, qui a su reconquérir ses droits, et qui saura les conserver ; assurez le bonheur de vos concitoyens ; ils sont toujours debout pour l'exécution des loix sages que vous rendez, ils ont juré de n'avoir jamais de maîtres, ils sauront tenir leur serment ou périr : nous vous félicitons, Citoyens Représentans, d'avoir fait succéder la justice à la terreur, qui nous a trop long-temps comprimés ; d'avoir rappellé par votre décret les sociétés populaires à leur institution, et frappé celle qui prétendoit rivaliser de pouvoir avec la Représentation nationale.

Vive la République, vive la Convention.

Signés : Martin Dauban, J. Saux, N. Chanfreau, J. Ortet, P. Chaufreau, G. Fourment, M. Payrau, J. Cames, J. Cazesseu, A. Chanfreau, J. Chanfreau, B. Martin, G. Laguillonie, B. Castet, R. Boé, J.-L. Brun, B. Brunet, J. Boé, E. Duclos, J. F. Chanfreau, J. Cazaubon, J. Brunet, J. Brun, R. Charrié, J. Perbost, P. Cazessus,

(15)

R. Bourdagès , J. Montamat , P. Dubourg,
D. Noé , B. Chanfreau , S. P. Garceau,
F^se. Garceau , M. Brun , J . M^e. Chanfreau ,
J^e. Brun, Manauton , P. Bourdages , B.
Germain , F. Villemur , J. G. Catherinot,
A. Chanfreau , R. Dupin , J. L. Duzac
M. Henriette Catherinot , B. Dupin , et
F. Mitrot , tous possesseurs de biens con-
cédés *par l'ancien gouvernement.*

De l'Imprimerie de DUFART, rue Honoré,
Maison d'Auvergne , N°. 100 , Section des
Tuileries.